A

ANGELFISH

B

BLUE WHALE

C

CLOWNFISH

D

DOLPHIN

E

EEL

F

FROG

G

GREAT WHITE
SHARK

H

HERMIT CRAB

I

IVORY BUSH
CORAL

J

JELLYFISH

K

KILLER WHALE

L

LOBSTER

M

MANATEE

N

NARWHAL

O

OCTOPUS

P

PUFFERFISH

Q

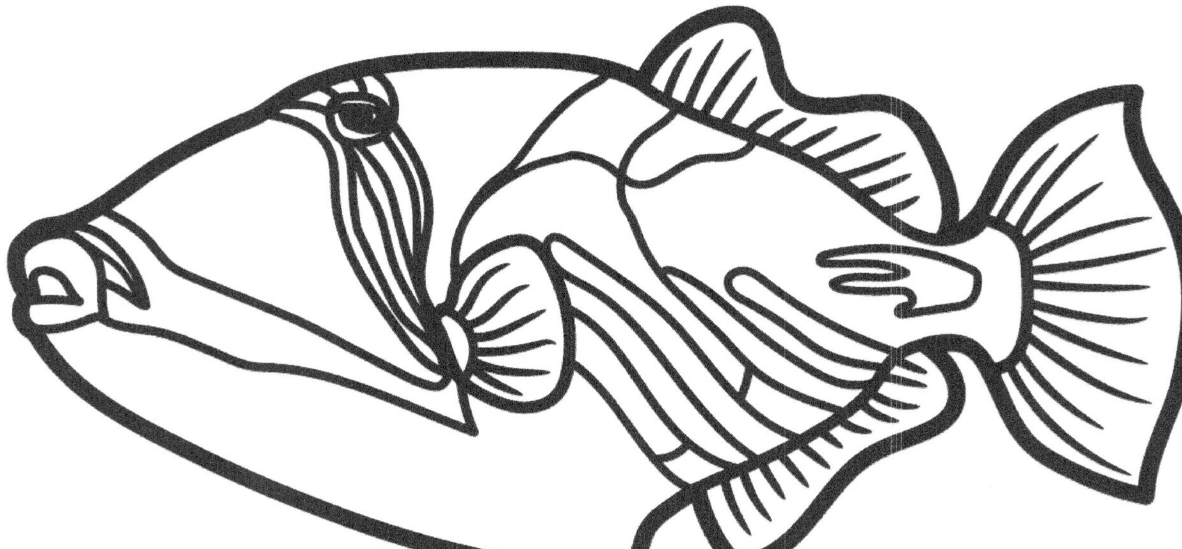

QUEEN
TRIGGERFISH

R

RAY

S

SEAHORSE

T

TURTLE

U

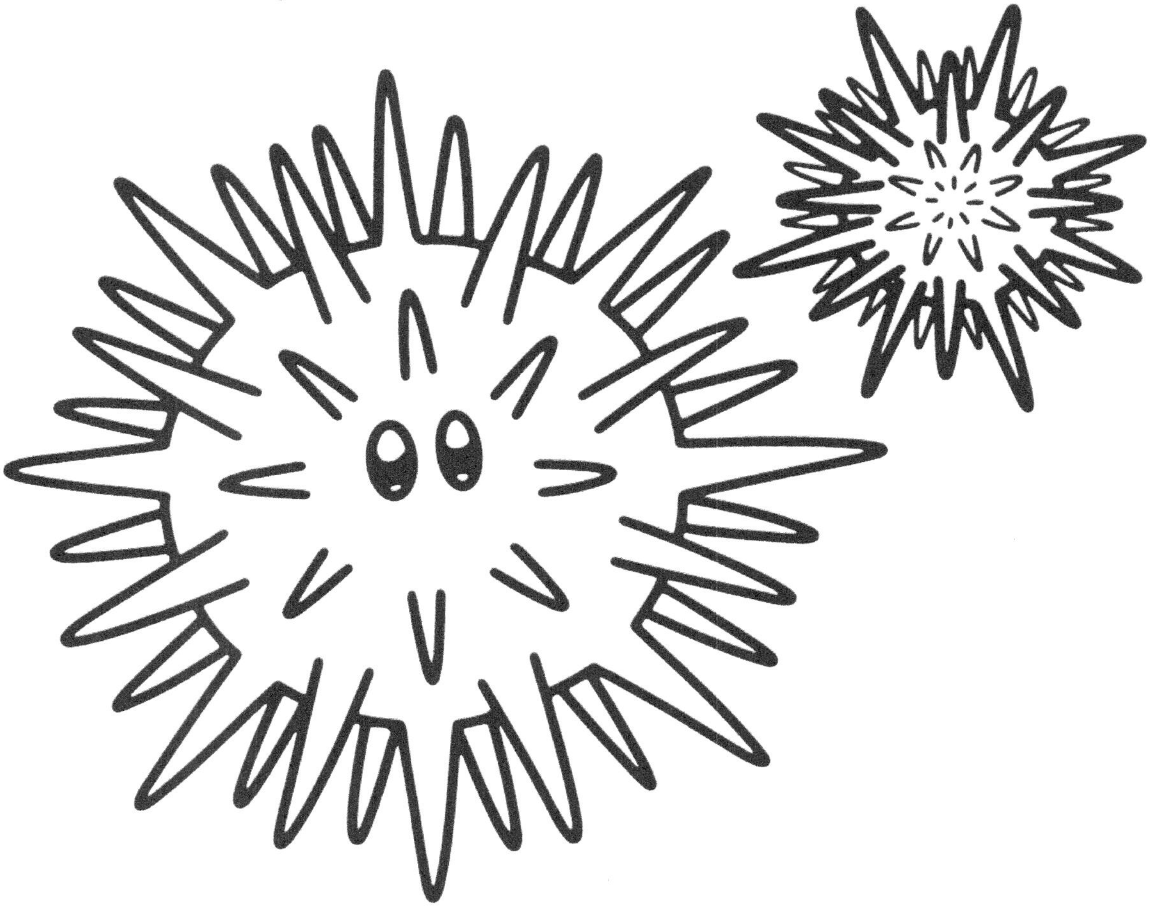

URCHIN

V

VAMPIRE SQUID

W

WALRUS

X

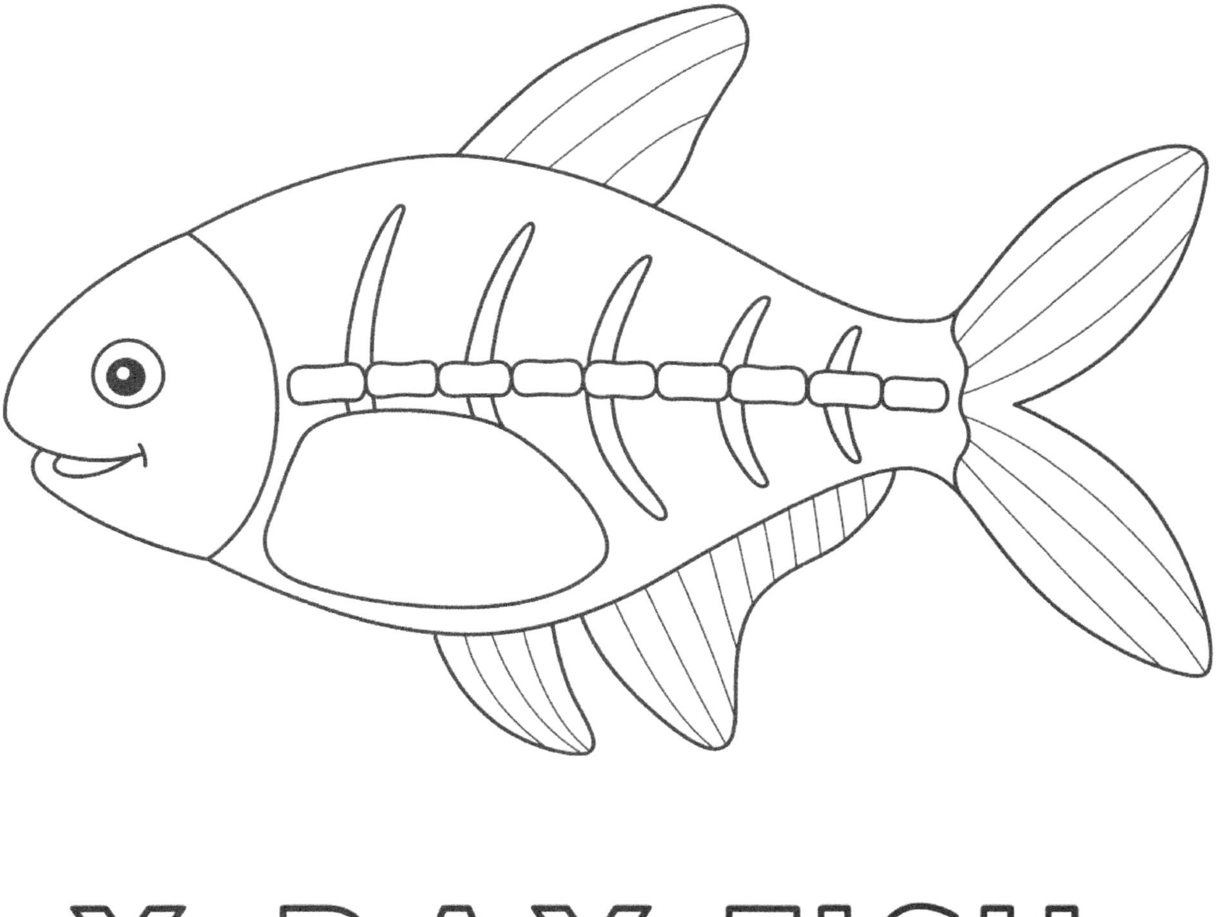

X-RAY FISH

Y

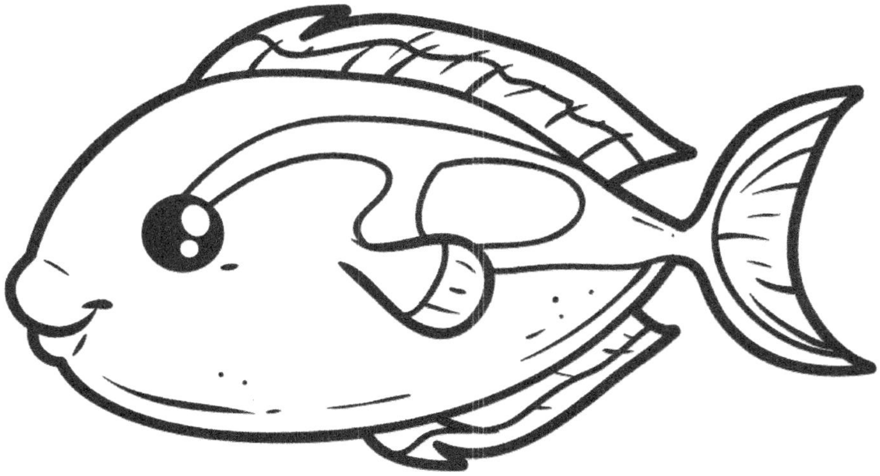

YELLOW TANG

ZEBRA SHARK

A B C D
E F G
H I J K
L M N
O P Q R
S T U V
W X Y Z

Made in the USA
Middletown, DE
18 July 2025

10815212R00031